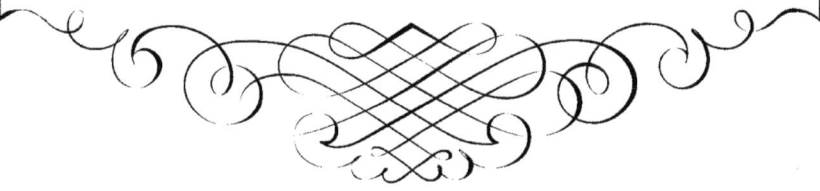

ISBN 978-0-428-06646-8
PIBN 11241476

For support please visit www.forgottenbooks.com

1 MONTH OF
FREE
READING

at

www.ForgottenBooks.com

By purchasing this book you are eligible for one month membership to ForgottenBooks.com, giving you unlimited access to our entire collection of over 1,000,000 titles via our web site and mobile apps.

To claim your free month visit:
www.forgottenbooks.com/free1241476

English
Français
Deutsche
Italiano
Español
Português

www.forgottenbooks.com

Mythology Photography **Fiction**
Fishing Christianity **Art** Cooking
Essays Buddhism Freemasonry
Medicine **Biology** Music **Ancient
Egypt** Evolution Carpentry Physics
Dance Geology **Mathematics** Fitness
Shakespeare **Folklore** Yoga Marketing
Confidence Immortality Biographies
Poetry **Psychology** Witchcraft
Electronics Chemistry History **Law**
Accounting **Philosophy** Anthropology
Alchemy Drama Quantum Mechanics
Atheism Sexual Health **Ancient History**
Entrepreneurship Languages Sport
Paleontology Needlework Islam
Metaphysics Investment Archaeology
Parenting Statistics Criminology
Motivational

Inscriptionum Graecarum interpunctionem tractare ubi primum animum induxi, non defuerunt sane quae me ab eius modi incepto deterrerent deliberationes. Non enim fugit me, illud ipsum, quod quasi studium et indagationem invitabat, dico copiam materiae, incommoda quoque et difficultates secum ferre, cum quia non facile esset tantam inscriptionum multitudinem ordinare atque sub unum aspectum subicere, tum vero quia illam copiam fere cotidie novis repertis augeri videremus. Nonne potest fieri, ut una nova inscriptione e terrae gremio ad lucem edita aliquid eiusmodi discamus, ut id quod ex copia nostra adhuc exstante collegimus falsum aut certe imperfectum esse certissimo testimonio demonstretur? Immo saepius iam factum illud esse in his studiis quis non seiat?

Tamen aliis rationibus ut rem susciperem permotus sum. Primum enim, quod apud nescio quem virum doctum aliquo loco legi, mihi quoque accidit, ut quamdiu epigraphicis rebus operam navabam ipsorum Graecorum vitae propior esse mihi viderer. Quare ille quoque studii epigraphici locus quamvis sit levidensis et exiguus ad universae Graecae antiquitatis studium, tamen indignus mihi non visus est, qui ipse per se aliquanto accuratius atque plenius investigaretur. Deinde sperabam ex veterum interpungendi usu diligenter observato fore ut quaedam indicia nanciscerer, quibus liceret inscriptionis aetatem definire ex sola eius interpungendi ratione. Quae spes quatenus me fefellerit, ipsa res docebit.

Sane inscriptionum interpunctio semel atque iterum a viris doctis tractata est, sed meo quidem iudicio non ita, ut absoluta illa quaestio dici possit, id quod inde factum est, quod partim obiter et in transcursu eam attigerunt, partim ad eum finem de ea egerunt ne in libris totam epigraphicam scientiam complectentibus ille de interpunctionis ratione locus omnino deesset. Eos enumerare convenit libros, e quibus plus minusve fructus cepi atque utilitatis.

Primus, si recte video, eam rem breviter tractavit Fridericus Osannus et in libro de Midae inscriptionibus conscripto[1]) et in Sylloga[2]) sua.

Non plura dedit Joannes Franzius in suo libro sex annis post Osanni Syllogam edito[3]).

Ex Reinachii libro[4]) cuius quintum caput (p. 214 — 216) de interpunctione inscriptionum verba facit, novi quicquam me didicisse vix memini.

Hoc ipso anno demum Gustavus Hinrichsius, qui post illud tempus praematura morte scientiae nostrae ereptus est, primus aliquanto uberius illum epigraphices locum illustravit, sed ne ille quidem, quod natura eius libri[5]), cui illius inserta est disputatio, ferebat, eam rem absolvit (l. l. tom. I, p. 427—431).

Quod quatenus mihi contigerit, aliorum erit iudicare.

---

[1]) Midas oder Erklärungsversuch der erweislich ältesten griechischen Inschrift von Fr. O. Leipzig und Darmstadt 1830. ib. p. 72—74.

[2]) Sylloge inscriptionum antiquarum Graecarum et Latinarum ed. Fr. O. Lipsii et Darmstadii 1834. ib. p. 74—75.

[3]) Elementa epigraphices Graecae. Berolini 1840. ib. p. 50/51. cf. etiam p. 98. 111. 128. 152. 375.

[4]) Traité d'Epigraphie Grecque par Salomon Reinach. Paris, Leroux. 1885.

[5]) Handbuch der Klassischen Altertumswissenschaft herausgegeben von Dr. Iwan Müller. Nördlingen 1886.

Obiter attigerunt interpunctionem alii viri docti, quorum libri suis locis laudabuntur, velut Boeckhius, Kirchhöffius, Schützius, Gesenius, Fabrettius.

Omnes illos libros, imprimis quos priores enumeravi, ubique cum aliquid ex eis sumpsi laudare supervacaneum esse duxi, praesertim si eiusmodi res offerebant, quae sine difficultate a quovis perspici possunt.

Unum restat priusquam ad rem ipsam accedam ut accuratius huius disputationis fines circumscribam. Cum enim dixi „inscriptionum Graecarum", in universum antiquas vel antiquissimas intellego inscriptiones Graecas, .i. e. saeculo quarto vetustiores, eas igitur fere, quae continentur et in IGA.[6]) et in CIA. I[7]). Accedunt non nullae inscriptiones antiquae post illos libros editos inventae, quae in ephemeridibus editae sunt imprimis his:

1. „Ἐφημερὶς ἀρχαιολογική. Περίοδος Γ. Ἐν Ἀθήναις." 1882 sqq. (= Ἐφ. Ἀρχ.).

2. „Bulletin de correspondance Hellénique. Paris." 1877 sqq. (= Bull.).

3. „Mittheilungen des Deutschen archäologischen Institutes in Athen. Athen." 1876 sqq. ex hoc anno sub titulo:, „Mittheilungen des Kais. Deutschen archäologischen Institutes. Athenische Abtheilung." (= Mitt.).

Quo iure intra illas antiquiores tantummodo inscriptiones versata sit quaestio, ex hac ipsa apparebit.

Disposui disputationem ita, ut primo capite agam de interpunctionis signis, secundo de ratione et usu interpungendi; tertio denique conatus sum quid de historia interpunctionis adhuc effici possit breviter exponere, quamquam in hac quoque re idem valet,

---

[6]) Inscriptiones Graecae antiquissimae praeter Atticas in Attica repertas, Berolini 1882. ed. Hermannus Roehl.

[7]) Corpus inscriptionum Atticarum. Volumen primum. Inscriptiones Euclidis anno vetustiores ed. Ad. Kirchhoff. Berolini 1873.

quod de historia alphabeti Graeci professus est A. Kirchhoff, cum diceret in praefatione libri sui notissimi ("Stu-
dien zur Geschichte des griechischen Alphabets" Berlin
1877[3]. = Stud.): „eine 'Geschichte des griechischen Alphabets' zu schreiben, halte ich die Zeit für noch nicht
gekommen, und es widersteht mir, die Lücken unse-
res Wissens durch hypothetische Constructionen da aus-
füllen zu wollen, wo eine vollkommene oder theilweise
Ergänzung durch Thatsachen der Erfahrung im Bereiche
der Möglichkeit liegt und in nicht zu ferner Aussicht
steht."

Caput I.
De signis interpunctionis.

Duo imprimis reperiuntur signa interpunctionis inde
ab antiquissimis temporibus, nempe punctum duplex (:)
et punctum triplex (⋮), ita utrumque dispositum, ut
alterum super alterum punctum ponatur. Quarum dua-
rum formarum utra sit antiquior, utra recentior, si quaerimus, valde miramur Augustum Boeckhium, cuius viri
de rebus epigraphicis merita mea laude non indigent,
eam sententiam protulisse, ut diceret (Oec. civ. Ath.[1] II,
p. 251 et iterum [2] II, 125) Atticas imprimis inscriptiones spectans: „In den ältesten Inschriften findet man
gewöhnlich 3 Punkte (⋮), in den späteren nach Euklid
2 (:)" etc., cum ipse praeter alias edidisset inscriptionem
CIG. 150 constanter utentem binis punctis (cf. ib. nr. 70.
140; contra nr. 218. 214. 456h. 560 alias, quae Euclidis
anno recentiores ternis punctis utuntur). Quae recte non
esse iudicata intellexisse videtur Osannus, qui tamen
nimis caute loquitur (in Mida p. 73): „Wenn diese Be-
merkung in Bezug auf den Gebrauch der Attiker im
Allgemeinen gegründet sein mag: so glaube ich, dass

sie in nichtattischen schon grosse Einschränkung erleide,
nicht insofern, als ob die Bezeichnung : nicht älter sei
als :, sondern dass der Gebrauch von :.bei Nichtattikern
älter sei als die angegebene Epoche des Archon Euklei-
des" etc., quam sententiam quibusdam exemplis probat.
Ne Franzius quidem, quamquam ipse (El. epigr. p. 98)
iam olympiadi octogesimae duo vel tria puncta tribuit,
Boeckhii iudicium refellit, nisi quod dicit (l. l. p. 51)
„non sine exceptione" verum esse. Hodie, cum multo
maiorem antiquarum inscriptionum copiam habemus, du-
bitare iam non quimus, quin et ante Euclidem et post
eum promiscue duplex triplexque punctum usurpatum
sit. Suo igitur iure Adolfus de Schütz (in dissertatione
de historia alphabeti Attici. Berol. 1875. p. 20) illo interpunctionis discrimine ad Atticarum inscriptionum de-
finiendam aetatem usus non est (cf. Hinrichs. l. l. p. 428).
Videmus enim, ut paucis utar exemplis, Sigeensis lapidis (IGA. 492 b) titulum Atticum, qui medio saeculo
sexto adscribitur, duplex eundemque triplex usurpare
punctum, eadem interpungendi ratione uti titulum Sala-
minium (Mitt. IX, 117) eiusdem saeculi, videmus inscriptionem nuper repertam, quae IIGA.[1] XXXI, 21 repetita est, quaeque ob loci quo inventa est naturam ante
olymp. 75, ob litterarum ε, μ, ν formam certe multo prioribus temporibus scripta est, illam igitur inscriptionem
constanter per bina puncta interpungere. Et quamquam
meri numeri non multum prosunt, tamen addam, earum
inscriptionum Atticarum quae omnino interpungant eam
esse rationem, ut ca. octoginta binis utantur punctis,
ternis ca. septuaginta: apparet igitur per duo puncta
interpungentes titulos numero superiores esse eis qui tria
puncta ad distinguendas voces exarata habent.

---

[1] Imagines inscriptionum Graecarum antiquissimarum in. us.
scholl. comp. H. Roehl. Berol. 1883.

Fere idem valet de ceterarum Graeciae regionum inscriptionibus antiquis. In his quoque neutra forma vetustior esse dici potest. Duplex enim punctum incisum exhibent tituli Elei antiquissimi (IGA. 110. 111. 113, cum recentior ille .IGA. 119 triplici puncto utatur); titulus Locrensis IGA. 322 ab altera manu terna, ab altera bina puncta exarata habet, quam utramque manum eadem fere aetate scripsisse conceditur; titulus Sigeensis Ionica dialecto utens (IGA. 492a) binis punctis distinguit. Reliquas iam enumero inscriptiones eiusdem libri, quarum per bina puncta fit interpunctio: IGA. 323. 349. 354. 372 (, 19. 56. 113. 348.) 397. 497. 498. 502. 511. 552· 567. 587. Omnino in viginti inscriptionibus inveniuntur bina puncta, cum terna puncta usurpent viginti octo inscriptiones, ergo non ita multo plures. (In IGA. 68a et 342 non dubito, quin duplex punctum statuendum nullum sit; ubi hodie in imaginibus cernitur temporum iniuriis ex triplici mutilatum esse censeo).

Iam nonnullae supra occurrebant inscriptiones, quae et bina et terna puncta habent ab una eademque vel a diversis incisa manibus. Quaeritur quoniam ex constanti sive duplicis sive triplicis puncti nihil de aetate tituli colligi posse vidimus, num melius aetatis indicium sit utraque forma promiscue adhibita. Dolendum est, ad hanc rem diiudicandam materiae copiam adhuc exstantem non sufficere, nam maxima pars earum inscriptionum, in quibus enumerandis uberrimus est Hinrichsius (1. 1. p. 428/29), alteram quidem interpunctionis formam (i. e. aut duplex aut triplex punctum) fere constanter adhibent, altera autem rarius utuntur, quam ut sive per lapicidae neglegentiam atque errorem insculptam sive temporum iniquitatibus laesam sive falso lectam eam esse putare vetemur. Restant titulus Sigeensis et titulus Locrensis (IGA. 492b et 322b), quo in utroque idem factum est, ut titulo ab alterius scribae manu exstanti

novum titulum sive novam tituli partem alter scriba
subiungeret. Fortasse haud absurdum est existimarc,
eum, qui prioris lapicidae titulum ante oculos habuerit,
huius interpungendi ratione permotum esse, ut licet nesci-
ens atque invitus suo titulo aliquot interpunctionis signa
a suo ipsius usu aliena insereret. De Locrensi quidem
titulo, ubi ad interpunctionis varietatem accedit scriptu-.
rae differentia, sine dubio recte censuit Kirchhoffius,
cum titulum aetati cuidam tribueret, qua altera forma
·in desuetudinem abire, altera in usum venire coepit
·(„einer Uebergangsperiode" Stud. p. 136). Quod num
in universum de interpunctione sola dici possit, novae
inscriptiones repertae fortasse edocebunt. Non omittam
hoc loco dicere, mixtum illum interpunctionis usum occurrere in inscriptione nuper reperta in Lemno insula
(Bull. 1886 p. 1 sqq.), quae tamen Graecis quidem litteris, non tamen Gracce sed dialecto quadam barbara
adhuc ignota scripta est, quod eo magis est dolendum,
quia antiquissimam eam esse primo aspectu apparet.

Comprehendo, quae ex hac disputationis parte se-
quuntur: Ex adhibitis ternis aut binis punctis de
aetate incriptionis colligi nihil potest; ex ternis et
binis punctis in una eademque inscriptione adhibitis
quid de aetate eius colligi possit, nondum liquet.

Inter duplex et triplex punctum quamquam fere stat
distinctio inscriptionum Graecarum, ita ut haec duo signa
proprie Graecae interpunctionis signa vocari possint, tamen non desunt alius figurae notae, ad quas tractandas
iam transco.

Ac primum quidem eam notam memorabo, quae
quibusdam locis constantia aliqua usurpata est: dico
hastam sive lineolam directam, quae imprimis Cre-
tensinm propria est titulorum, praeter hos invenitur in
uno ex Theraeis et in uno titulo Laconico Gereniae reperto.
Usus illius notae plane idem est atque punctorum. In-

scriptionum illa forma ad distinguendum utentium copia
haec est: IGA. nr. 64. 449. 478. 479. 480, ad quas accedunt nuper editae: Bull. 1885 p. 3 sqq. nr. 4. 6. 7 et
nuperrime inventa Mitt. 1886 p. 180 (neque enim-in hac
inscriptione hastam litterae iota variam formam esse ei,
qui eam edidit, antea concedo, quam talem longi et brevis
iota differentiam in scriptura significatam esse certiore
documento probatum sit, quamquam ego quoque mutilatum illum titulum explicare non posse me facile con-
fiteor[1])). Omnes hae inscriptiones litterae iota aliam
formam tribuunt, excepto uno Gerenio illo titulo (IGA.
64), qui eadem notà ter ad iota litteram significandam,
bis ad distinguendas voces utitur.

Ab hoc loco non alienum puto admonere, eandem
lineolam licet alia interpunctionis vi adhibitam occurrere
in antiquissima illa inscriptione Phoenicia sive potius
Moabitica, quae Mesae lapidi incisa est (Revue archéol.
1870. tom. XXI tab. 8, p. 183 sqq.), ita enim ut voces
singulae simplici puncto, sententiae autem („les versets")
lineola distinguantur. Quae duplex interpunctionis ratio
in uno eodemque titulo in inscriptione Graeca adhuc
nulla comparuit. Sed quoniam infra locus dabitur uberius
de hac re disserendi, eam hic leviter attigisse satis habeo.
Non casu factum videtur, quod certis finibus hastae pro
interpunctione adhibitae usus circumscriptus est, nempe
Cretae et Therae insularum finibus. Ad quas accedit
unus ille quem memoravi titulus Laconicus Gereniae in-
ventus. Fortasse alius quoque Laconicus huc referendus

---

[1]) Idem sensit Comparetti, qui nuperrime permultas inscriptiones Creticas ab Halbherrio inventas edidit (Museo Italiano di an-
tichità classica vol. II punt. I. 1886. p. 129—178 et 181—252). Ille
vir doctus de supplendo quoque titulo recte iudicasse mihi videtur
(l. l. p. 175). Kirchhoffii, quem eandem sententiam protulisse audio,
librum (i. e. „Studiorum" editionem quartam) nondum mihi contigit
ut inspicerem.

est: IGA. 54, qui interpunctionem (si licet hoc vocabulo uti) exhibet ad formam litterae sigma lunatae (. Denique Mycenaei tituli (I IGA. XXIX) interpunctionis signum (]) aliquam cum illis habet similitudinem. In universum dici potest, hastam eo tempore, quo iota litterae in illis regionibus vulgaris forma Ionica tribueretur, non iam potuisse ad voces distinguendas adhiberi, nam id quod in titulo Gerenio factum est saepius factum esse verisimile non est.

Iam pauca verba faciam de puncto simplici, quod iam in Mesae lapide incisum esse vidimus. Res est admodum mira, interpunctionem per unum punctum factam in Graecis inscriptionibus non inveniri nisi in tribus eisque non in Graecia ipsa repertis. Sunt hae: IGA. 509 inscriptio inventa Syracusis in Ortygia[1]), IGA. 544 titulus Achaicus „haud procul a Crotone repertus", IGA. 526 titulus ad Iapygium promunturium repertus alphabetum Tarentinum continens, quamquam in hoc titulo ex Cepollae solius schedis noto dubium est punctane illa in lapide ipso insculpta sint an in apographo addita ad litterarum intervalla indicanda. Hi igitur tres (sive duo) tituli soli simplici puncto utuntur et, uti dixi, non in Graecia ipsa sed in coloniis Graecis occidentalibus reperti sunt. Osannus ita existimat de illo simplicis puncti usu (Sylloge p. 74): „Uno puncto singulis vocabulis interserendo, ut apnd Etruscos et Latinos moris fuit, Graeci veteres usi esse non videntur" et alio loco (Midas p. 74): „Was in der Sylloge a. a. O. von dem Gebrauche eines Punktes gesagt worden, dass er der älteren griechischen Schrift nicht eigen sei, er-

---

[1]) Siquidem hic simplicia puncta statuenda sunt, cum negari nullo modo possit ob marginem superiorem detritum, olim bina puncta exarata fuisse. Ceterum hic et alias si proprie dicimus non puncta sed parvi circuli incisi sunt (cf. IGA: 42. 323, CIA. 526). Interdum in mediis circulis puncta collocantur, velut CIA. 333.

leidet keinen Widerspruch durch die als der Gräcität angehörend erwiesene Inschrift von Petilia, auf welcher hinter jedem Worte ein Punct steht, da Boeckh (CIG. 10) von dieser Inschrift selbst sehr wahr sagt, dass dieser Gebrauch „in Italico monumento" nicht zu verwundern sei." Quam sententiam Hinrichsius, ut ego video (l. l. p. 429) et Reinachius (l. l. p. 215) probaverunt. Quorum iudicia in medium protulisse hoc loco satis habeo, cum de ea re plura verba facturus sim in huius disputationis capite tertio (p. 35 sqq.), ubi de historia Graecae interpunctionis agetur.

Restat, ut brevem subiungam earum inscriptionum enumerationem, quae singularibus interpunctionis formis utuntur. Rarae enim atque sparsae inveniuntur eiusmodi distinctionis notae, ut non mori atque usui cuidam, sed merae lapidicae licentiae deberi putandae sint.

Tres hastae transversae (≡) pro totidem punctis clare cernuntur in inscriptione ἀλτῆρι plumbeo incisa ('Εφ. Ἀρχ. 1883 p. 189 sqq.), cuius materiae natura sine dubio caussa erat, cur scribae magis placeret hastas imprimere. Minus perspicue eaedem hastae leguntur in inscriptione CIA. 341 mutilata et fracta, et in inscriptione illa Boeotica Delphis reperta (IGA. 165), quippe quae solis Dodwelli schedis servata sit. Mirae sunt duae lineolae curvae (⤬) ansae aeneae paterae praeter vulgare punctum duplex incisae, item duae hastae directae (‖) in glande plumbea (IGA. 571), magis etiam mirae in inscriptione Attica (CIA. 140 v. 26) quattuor transversae lineolae (≣) : eam vero constanter adhibitam esse interpunctionis formam, quam Fourmonti schedae exhibent in inscriptione Attica, nunc CIA. II, 2, 824 repetita, veri minus simile esse videtur, quam ut non opiner, illa signa a Fourmonto ipso, in talibus rebus levidensibus sine dubio haud diligenti, esse apposita, quibus vacua spatia numerorum signa ab utraque parte includentia indicarentur.

Paullo frequentiores sunt eae interpunctionis formae, quae ex pluribus quam tribus punctis constant.

Quattuor puncta sic disposita (⁞) bis leguntur in titulo Ionico Dodonae reperto (IGA. 502) praeter duplex et triplex punctum, constanter exarata sunt in titulo Argivo (IGA. 39), sed hic quoque Fourmonto cui soli illa inscriptio debetur, non magnam fidem habemus (cf. Osannum in Mida p. 72, Hinr. l. l. p. 429, qui iure in Midae titulis sepulcralibus eadem quattuor puncta clare videri admonent). Utut illa res se habet, sane ea quae fit per punctum quadruplex interpunctionis forma singularis est.

Quattuor puncta in hunc modum disposita (::) inveni CIA. 31 v. 26. ib. 324c v. 23. CIA. II, 1, 175 et in his quidem titulis omnibus ad orationis aliquam partem finitam indicandam.

Quinque puncta ad quincuncis figuram collocata (:·:) videmus in CIA. 324 v. 63; CIA. II, 2, 677. 1053 post sententiam finitam, CIA. II, 1, 17b (Add.) inter nomina propria, CIA. II, 2, 674 post signum numeri posita.

Sex puncta (:::) legit Hicksius (Ancient Greek Inscriptions in the Brit. Mus. P. I) in inscriptione Attica nunc secundam eius collationem repetita CIA. IV, 531. Eadem interpunctionis forma redit post sententiam finitam CIA. II, 2, 652 v. 18.

Denique novem puncta exarata sunt in CIA. 18 in inscriptione admodum mutilata, CIA. II, 2, 653 ter inter nomina propria, bis in inscriptione Attica vetustiore (Bull. 1880 p. 225), ubi alterum exemplum inter duo vocabula, alterum in medio vocabulo ita positum est, ut per errorem insculptum esse clarum sit.

In his quas laudavi inscriptionibus singulari illa

interpunctione plerumque sententiae finem indicatum esse memorabile est.

Iam ad finem huius capitis perveni, nisi quod addam, id quod nos facere solemus ad voces separandas, nempe ut vacua spatia relinquamus, in lapidibus Graecis non exhiberi, quod in libris manu scriptis admodum sera aetate in usum venisse constat. Tamen illius rationis simile aliquid non deest: numerorum enim signa ab utraque parte non interpunctionibus solum sed etiam spatiis vacuis circumdari saepius videmus. De quo usu alias nonnulla verba faciam (cf. p. 22).

Caput II.

De usu interpunctionis.

Huius capitis duae erunt partes, quarum altera qualis sit interpunctionis usus, qantus sit altera exponetur.

Ac primum si quaerimus qualis fuerit usus interpunctionis, h. e. qualem vim habuerit interpunctio, ad quem finem apposita sit, Graecorum morem toto coelo quasi distare a nostratum consuetudine facillime intellegitur. Nos enim, quoniam vocibus ipsis aliquod spatium vacuum interponere consuevimus, interpunctionibus non utimur nisi ad sententias vel enuntiata distinguenda : Graecae inscriptiones, quae quidem omnino interpungant, ideo hoc faciunt, ut facilius dignoscatur, ubi altera vox terminetur, altera incipiat. Eodem igitur nomine appellamus duas res valde inter se diversas, optimo iure tamen, quoniam nomen illud utrique profectum est ex signo, quo utraque eodem utitur: punctis inter maiores sive minores orationis partes inter-

positis. Nostrorum enim librorum interpunctio primo
fit per puncta sola, nullis adhibitis lineolis, quae puncta
ex diversa ad litterarum altitudinem collocatione diver-
sam vim habent: quae interpungendi ratio aliquot sae-
culis post Christum natum orta est (Wattenbach „An-
leitung zur griech. Paläogr.“). Sed.redeamus ad Graecarum veterum inscriptionum rationem interpungendi.
Si igitur voces tantummodo apud Graecos distinguebantur,
at has certe constanter eos distinxisse existimamus : quod
tamen rarissime factum esse nullo negotio observari
potest. Tantum enim abest, ut omnes inscriptiones in
hac re aliqua contantia utantur, ut contra maxima earum
pars incredibilem. quandam inconstantiam atque licentiam
exhibeant, ex qua clare apparet, illam rem nullo legis
vinculo teneri, immo vix usui atque consuetudini alieui.
obtemperare. Sed quatenus omnino interpunctio adhibita · sit in titulis Graecis quoniam huius capitis parte
altera enarrabitur, hic satis habebo aliquot exemplis e
magna materiae copia electis Graecarum interpungendi
usum ac rationem, quam modo breviter descripsi, paullo
accuratius illustrare.

Et constantia interpunctionis et tituli ipsius ampli-
tudine omnibus praestat lapis ille, qui „Teiorum diras“
incisas exhibet (IGA. 497), qui totius huius quaestionis
fundamentum esse potest. Sane eius traditio non eadem
est praestantia, qua ipse titulus, cum maior pars B non
iam exstet neque debeatur nisi proximi saeculi virorum
doctorum apographis, sed partem A si solam haberemus,
plane idem sciremus, cum B novi quicquam vix afferat.
Hic titulus ea utitur ratione, ut inter singulas voces
interpunctionem et duplex quidem punctum interponat,
ita tamen ut quaedam orationis particulae cum insequenti
nomine artissime coalescant. Haud · ab re erit, totam
partem A cum interpunctionis signis, litteris minusculis
transscriptam apponere.

„οστις : φάρμακα : δηλητή-
ρια : ποιοῖ : ἐπιτηίοισι-
ν : τοξυνὸν : ἠεπιδιώτη : κ-
ἑνον : ἀπόλλυσθαι : καια-
5   υτὸν : καιγένος : τοκένο :
ὅστις : ἐςγῆν : τηντηίην : κ-
ωλύοι : σῖτον : ἐςάγεσθαι :
ἠτέχνη : ἠμηχανῇ : ἠκατ-
αθάλασσαν : ἠκατήπειρο-
10   ν : ἠεςαχθέντα : ἀνωθεοίη : κἕν-
ον : ἀπόλλυσθαι : καιαυτ-
ὸν : καιγένος : τοκένο"

v. 2 videmus praepositiouem (ἐπί) non separatam esse
a nomine (Τηίοισιν), quod redit v. 6 ἐςγῆν; v. 3 arti-
culus coniungitur cum nomine (τοξυνὸν), idem fit v. 5
τοκένο i. e. τὸ κείνου, v. 6 τηντηίην i. e. τὴν Τηίην, v. 12
iterum τοκένο; particula ἠ cum sequenti vocabulo coa-
lescit v. 8 ἠτέχνη i. e. ἠ τέχνη, ib. ἠμηχανῇ i. e. ἠ μη-
χανῇ, v. 10 ἠεςαχθένα i. e. ἠ ἐςαχθέντα; denique post
καὶ deest interpunctio v. 4/5 καιαυτὸν i. e. καὶ αὐτὸν,
v. 5 καιγένος i. e. καὶ γένος (cf. v. 11· et 12). Sed duae
quoque eiusmodi voculae nomini ita praeponuntur, ut
neque inter se neque a nomine interpunctione separen-
tur: v. 3 ἠεπιδιώτη i. e. ἠ ἐπ' ἰδιώτη, v. 8/9 ἠκαταθάλασ-
σαν i. e. ἠ κατὰ θάλασσαν; v. 9/10 ἠκατήπειρον i. e. ἠ
κατ' ἤπειρον. Addam ex partis B v. 35/36 ὁςανταςςτήλας
i. e. ὃς ἂν τὰς ςτήλας et v. 30/31: μηποιήσεαν i. e. μὴ
ποιήσειαν, ubi ἄν et μὴ particulas eadem ratione adhi-
bitas videmus. v. 35 etiam post ὃς interpunctio deest,
quae ponitur v. 36 post ἐνῆσιν i. e. ἐν ῆσιν: priore loco
ob ὃς vocis brevitatem interpunctionem omisisse scribam
licet conicere.

    Habemus igitur in hoc titulo interpunctionem quam
potuit fieri maxima constantia adhibitam. Nam praepositiones illae, articuli, particulae, quas ab insequentibus

verbis distinctione non separatas videmus, ne poterant quidem separari, cum per suam ipsarum naturam vim vocum integrarum propriam non habeant neque quidquam significent nisi cum aliis verbis artissime coniunctae. In universum igitur statuere licet, eam esse rationem, ut omnes illae voculae encliticae atque procliticae interpunctione a nominibus suis non seiungantur.

Eadem quae in Teio lapide cernitur ratio redit in „aere Petiliensi" IGA. 544, ubi bis tantummodo deest interpunctio, v. 2/3 ταν⌈οικίαν et v. 3 καιτᾶλλα, ob easdem, ut videmus, caussas, quas in illo titulo. Reliqui tituli, qui tantae sunt amplitudinis, ut certo de eorum usu statui possit, eadem interpungendi constantia non utuntur, ne Eleus quidem (IGA. 111) aut Locrenses (321. 322) aut Ephesius (IGA. 499) aut Sigeensis (IGA. 492), quare eos singillatim hic tractare omitto. In inscriptionibus unum vel duos versus comprehendentibus saepius inveneris constantem usum: laudo titulum Atticum IGA. 5: Ἀθεναῖοι : ἀποπελοπον[ν]εσίον : ναυμαχίᾳ : νικέσαντες : ἀ[νέθεσαν] ἀπὸ (post Πελοποννησίων quamquam unum tantum punctum hodie conspicuum est, sine dubitatione tria puncta in textu posui); titulos Argivos IGA. 42: Ἄτοτος : ἐποί⌈εέ : Ἀργεῖος | κάργειάδας : ἀγελαίδα : τάργειο; IGA. 43a in rota aenea : τοι⌈ανάκοι : ἐμὶ : Εὐδ...ς : ἀνέθεκε; titulum Aegineticum IGA. 359: Γλαυκίας : Αἰγινάτας : ἐ[π]οίεσσε; titulos Ionicos IGA. 498b: Μίκων : ἐποίησεν : Ἀθηναῖος, IGA. 502: Τερψικλῆς : τωδὶ : Ναίῳ : ῥαψῳδὸς : ἀνέθηκε.

Ex his exemplis satis apparet, quid sibi velit Graeca interpunctio, quatenus a nostro usu discrepet atque abhorreat.

Tamen non omnino desunt inscriptiones, quae interpunctionem semel vel bis ita posuerint, ut sententiae finis ea significatus sit. Quas quamquam diversissimis locis scriptae sunt atque temporibus, ut non tam mori

2*

atque usui quam casui deberi illas interpunctiones manifestum sit, tamen in unum locum congerere operae pretium mihi videtur.

Primo loco conferam nonnullas inscriptiones forma metrica compositas, in quibus inter binos versus vel semel vel saepius interpungitur. Quod factum esse videmus in titulo Corcyraeo (IGA. 342), ubi meo iudicio olim interpunctiones per tria puncta factae post quemlibet versum positae fuerunt; v. 2 enim post σᾶμα interpunctionem integram, v. 5 ante Πραξιμένες unum ex tribus punctum interisse existimo. Quod in hoc titulo etiam post ultimi versus finem interpunctio conspicitur, non iam mirabimur, si quam ad formam in monumento illo sepulcrali incisa fuerit inscriptio meminerimus.

Eiusdem generis interpunctio semel cernitur in titulo Argivo IGA. 37 v. 2—7: Αἴσχυ[λ]λο[ς] Θίοπος τοῖς δαμοσίοις ἐν ἀέθλοις : τειράκι τε [σ]πάδιον νίκε κα[ὶ] τρὶς τὸν ὁπλίτ[αν], in titulo Abderitano (?) ib. 349, in Erythraeo ib. 495. Adde ex CIA. I. nr. 333. 463. 467. Facile intellegitur, quanam ratione ductus lapicida titulis illis in duorum versuum confinio signa interseruerit, cum ad eam quam in universum praebebat scriptura continua difficultatem legendi ea accederet, quae orta est inde quod ex metricae formae rhythmo legenda erat inscriptio. Maiorem sane commoditatem legendi et scandendi versus efficere potuit, si metrici versus initium inscriptionis quoque novi versus initium esse iussisset, id quod alias factum esse videmus, sed in universum a tali scribendi modo scribam prohibebat ratio et parsimoniae et symmetriae habita.

Sparsim eadem interpunctio occurrit in titulis prosa oratione scriptis, et est quidem saepe singularis formae illa interpunctio, velut CIA. I, 18 novem puncta, CIA. I, 31 v. 26 quattuor puncta, CIA. 140 v. 20 sqq., ubi saepius nomina propria interpunctione distinguuntur (ubi

nos commata ponere solemus), semel quattuor hastis trans-
versis sententia clauditur. Adde CIA. I, 25 v. 5; 57b v. 7;
59 v. 14; 282 v. 7; 324 v. 63. CIA. II, 1, 75 v. 7; II, 2, 652
(sex puncta); 1053. His omnibus exemplis probatur, ne
apud Graecos quidem defuisse, qui eiusmodi post enun-
tiati finem positam interpunctionem optimum subsidium
ad legendi facilitatem atque commoditatem esse sentirent,
sed eisdem ipsis exemplis docemur Graecos, quamquam
tale legendi adminiculum non ignorarent, tamen rarissime eo usos esse in inscriptionibus. Quibus de caussis
hoc fecerint exponere non huius loci est; tantum dico
caussam sine dubio eandem fuisse atque eius inconstantiae, quam in vocum inter se separandarum usu cerni-
mus. In universum de hac re nonnulla verba facere in
animo est in tertio capite.

Prorsus diversum genus interpunctionis si quidem
interpunctionis nomine omnino licet significari, frequentissimum in titulis Graecis, imprimis Atticis, invenitur,
quo numerorum signa sive sigla, quo facilius digno-
scerentur neque pro litteris haberentur, ab utraque parte
interpunctionis notis circumdabantur. Antiquissimis temporibus sane, cum numeralia integra litteris scribeban-
tur, non opus erat illa distinctione aut certe non magis
opus erat, quam in ceteris orationis vocibus. Ubi autem
siglis, quae ipsa prorsus retinebant litterarum formas
(ΜΧΗΔΓΙΤ), numeri significari coepti sunt, id quod
Herodiano quidem teste (περὶ τῶν ἀριθμῶν cf. Reinach.
p. 219) a Solone iam factum est in nummis signandis,
illa sigla a ceteris vocibus separare saepe ex re visum
est lapicidis. Et plerumque quidem, ut dixi, utrimque
numeralia interpunctionis signis includebantur, sed non-
nullorum titulorum disponendi et ordinandi ratione factum est, ut ex altera parte posita interpunctio suffi-
ceret, cum ex altera vacuum spatium esset, eos titulos
intellego qui columnis disponi ac scribi solebant, ut tri-

butorum catalogos. Sed. ne illius quidem interpunctionis usus sibi constat, immo permultae inscriptiones ceteris verbis numeralia nullis signis distincta inseruerunt.
Sed tamen hic usus diutissime permansit atque viguit
et Romana quae dicitur aetate demum disparuit. CIA.
II, 1 et 2 innumerabilia eius exempla exhibent. Alia
ratione utuntur eae inscriptiones, quae ab utraque parte
numeralium signorum spatium vacuum relinquunt, qui
usus quarto saeculo frequens est, sed etiam quinto non
deest (Hinrichs p. 433; adde CIA. I, 138. 189b). Haec
igitur ratio prorsus eadem est, quam nos ad vocis distinguendas usurpare solemus.

Nonnulla cuiusvis rationis exempla afferam. Utrimque interpunctio posita est CIA. 188, e. g. v. 24:

ΣΙΤΟΝΗΙΠΠΟΙΣ : ΤΤΤΤ :

Eiusdem lapidis latus aversum (189) in parte inferiore
interpunctione prorsus vacat, velut v. 16:

ΔΙΟΒΕLΙΑΝΠΗΙΙCΕLLΕΝΟΤΑΜΙΑΙΣ sqq.,

qualis scripturae ambiguitas manifesta est; contra in superioris partis prioribus versibus spatiis vacuis numeros
includit, velut v. 9:

ΔΙΟΒ]ΕLΙΑΝ ΤΤΙ LΟΛΙΣΤΑΙ sqq.

Binis punctis utrimque utitur CIA. 123, velut v. 6:

ΑΡΛΥΡΑΙ : ΗΔΔΙ : ΣΤΑΘΜΟΝ sqq.

A sinistra parte sola adiecta est interpunctio CIA. 226,
nr. 4, velut v. 4:

ΔΙΟΣΕΡΙΤΑΙ : ΔΠΗΙΙΙΙ spat. vac.

quo numerali signo columnae versus finitur, ita ut cum
insequenti nomine misceri non potuerit. Eadem de
caussa nisi a dextra parte non posita est interpunctio
CIA. 197 v. 11 et 14. In illis catalogis in universum
raro interpungitur, quod nullo modo mirum est, cum
ipso loco quem in columna obtinebat numeri signum,
tale signum esse extemplo intellegi posset.

Restat ut dicamus de ea interpunctione quae vocem abbreviatam h. e. non perscriptam, per compendium scriptam esse indicat. Ille usus sane non frequens est in vetutioribus titulis (CIA. I), tamen aliquot exemplis probari potest. CIA. 321 v. 3: ΑΛΡΥΛΟΙ : ibidem v. 17 idem compendium, sed utrumque numerale signum excipere videtur. Certius eiusmodi interpunctio cernitur CIA. 338 v. 3 ΚΑ[Θ]ΥΓ : ΑΓΡΥΛΕΗ≤ΚΑΘΥΓ: et v. 4 Τ]ΙΜΟΚ :. Multo frequentior ille usus est in inscriptionibus quinto saeculo recentioribus cf. Reinach. p. 226 et Hinrichs. p. 434/435, qui in universum de scripturae compendiis agunt).

Atque intra illas duas rationes, nempe alteram qua numeralia, alteram qua compendia indicantur, fere stat interpunctionis usus in titulis saeculo quinto inferioribus. Tamen ne proprie quidem quae dicitur interpunctio prorsus illi aetati deest, sed novi nihil nos docet, quare illas inscriptiones uberius hic tractare nihil attinet.

Ne quid huic parti desit, interpunctiones nonnullas per errorem positas afferam. IGA. 321 interpunctio in media voce collocata est, ita ut legatur v. 7: καταλεί-πον: τα (v. Hinrichs. p. 427), et in eodem titulo v. 1: Λοκρὸν τὸν: Ὑποκναμιδίον sine dubio falso scriptum est pro Λοκρὸν: τὺν Ὑποκναμιδίον. (De huius tituli interpunctionibus paragraphorum signa includentibus, quas cum numeralium distinctione comparare licet, cf. Hinrichs. p. 432 § 100). Fortasse in vocibus Ὀπουντίον: τε-χιλίον quoque (v. 39) interpunctio scribae neglegentia atque incuria sola post Ὀπουντίον posita est pro Ὀπου-τίοντε: χιλίον, cum τε particula per ipsius suam naturam cum praecedenti nomine artissime coniungatur. Huius generis errores sine dubio multi colligi possunt, sed haud scio an negligenti atque inconstanti serioris cuiusdam aetatis usui quam errori eiusmodi res tribuere praestet. Huc referenda est scriptura tituli Attici (CIA. 433 v. 2) ita exarata:

ΕΝ ΤΟΙ: ΠΟLΕΜΟΙ

vel CIG. 34 ἐπὶ: νίκη, vel IGA. 499 v. 5 ἐγ δὲ: τῆς ἀρι-
στ[ερῆ]ς, ubi accedit, quod saepius post δὲ interpungitur,
Manifestus error est in χ: συνάρχοντες (cf. Hinrichs.
p. 427 § 90). In titulo Eleo aliqua cum constantia in-
terpungente v. 3 post vocem ΤΟΙ, i. e. τοὶ = τοδὶ, interpunctionem deesse mirabamur, nam ex universo illius
inscriptionis usu hoc loco exspectare eam licebat. Quae
exspectatio quam vera fuerit, nunc probatur illius tabu-
lae recenti editione a Newtonio facta („Ancient Greek
Inscriptions in the British Museum P. II. tab. I fig. 3),
in qua ea quae desiderabatur interpunctio clare conspicitur.
Dignum illud mihi visum est, quod memoraretur, quia
in his rebus ad interpunctionis usum spectantibus coniectura aliquid assequi difficillimum esse mihi persuasi.

Iam ad alteram huius capitis partem transeo, qua
quantus fuerit interpunctionis usus accuratius inquirere in animo est. Habemus inscriptiones aut constanter interpungentes aut interpunctione carentes. Exponi oportet, quantum exponi potest, quibus temporibus
interpungi coeptum, quibus desitum sit; quibus locis fre-
quentissimus, quibus rarissimus fuerit interpunctionis
usus. Qui usus quantus fuerit in universum ut dignoscatur, eas inscriptiones conferam, quae omnino exhibent interpunctionis signa. Et in IGA. quidem ex inscriptionibus numero sexcentas multo superantibus quin-
quaginta septem interpungunt, h. e. vix duodecima pars.
Sunt hae: IGA. 2. 5. 29. 37. 39. 41. 42. 43a. 44a. 47.
54. 64. 68. 110. 111. 113. 119. 122. 157. 165. 321. 322.
323. 342. 349. 354. 359. 372 (, 19. 56. 113. 348). 381.
396. 397. 449. 471. 478. 479. 480. 492. 495. 497. 498.
499. 502. 504. 509. 511. 530. 544. 546. 552. 562. 563.
567. 578. 586.
Sane mera haec enumeratio non multum prodest,

nam non ita paucae illius libri inscriptiones sunt tam
breves et exiguae, ut interpungere omnino vix potuerint,
quae nihil valent ad interpunctionis usum statuendum.
Singulas igitur videamus. Atque mirum est, antiquissimas quasque inscriptiones interpunctione prorsus vacare.
Has intellego inscriptiones: Atticam illam vetustissimam
(Mitt. VI, 107 = IIGA. XXXI, 1), quae ante receptam
litterae λ formam Chalcidicam et sinistrorsum scripta
est; Psammatichi mercenariorum inscriptiones ad Abu
Simbel lapidi incisas; Eleorum titulorum omnium anti-
quissimum, quippe qui βουστροφηδὸν solus scriptus sit
(IGA. 109); Theraeos omnes duobus exceptis (IGA. 449
et 471); Amorginos, Melios, Delios, Phoceos. Num pos-
sumus facere tanta exemplorum copia quasi obruti, quin
ita statuamus, fuisse tempus, quo nondum in usum recepta esset interpunctio, posteo eam seu aliunde traditam seu a Graccis ipsis inventam esse? Quam quaestionem absolvere aut probabiliter diiudicare hoc loco nondum licere cum mihi persuaserim, hic eam protulisse
satis habeo. Ceterum non prorsus in antiquioribus inscriptionibus desiderari interpunctionem ut intellegatur,
nonnullas afferam quae aut sinistrorsum aut βουσροφη-
δὸν compositae sunt et interpunctione utuntur: Ex Theraeis duas (IGA. 449 et 471); Cretenses IGA. 478. 479.
480; Sigeensem (492), Corcyraeam (342), Atticas (IIGA.
XXXI, 2 et 3). Neque ab re esse videtur, universos
eos titulos accuratius inspicere, qui aliqua constantia interpungunt. Locrensium laminarum ea, quae aetate su-
perior est (IGA. 321), a Kirchhoffio quinti saeculi parti
priori, altera (IGA. 322) parti posteriori ascribitur
(Stud. p. 136/137); titulus Eleus (111) ca. Ol. 70 exa-
ratus est (ib. p. 153). Aes Petiliense (IGA. 544) nescio
an certae aetati tribui non possit, quamquam μῦ, σίγμα,
ἰῶτα litterarum formam vetustiorem exhibet. Ephesius
titulus sine dubio si non prior attamen non posterior

est Halicarnassio lapide, etsi Kirchhoffii argumento, qui ex interpunctione maiorem aetatem colligit, hic uti non licere per se ipsum patet. Sigeensis titulus omnium consensu antiquissimus habetur; utrum medio an incipienti saeculo sexto tribuendus sit ad nostram quaestionem nil attinet. Dirae Teiorum inter Ol. 75. et 80 exaratae sunt (Kirchh. Stud. p. 13).

Iam apparet ne ex constanti quidem interpunctionis usu inscriptionis aetatem inter certiores atque artiores fines includi posse. Nam talem usum per duo saecula persequi licet. Sed minime omitti oportet, maximas sine dubio esse illius usus discrepantias in diversorum locorum titulis. Videamus igitur, quantus in singulis locis fuerit usus interpunctionis. Ad hanc rem perficiendam expedit libri illius a Roehlio in scholarum usum editi ordinem sequi, quippe in quo libro tituli ex originis locorum ratione compositi sint, quamquam non omnes in IGA. editos hic repetitos esse sat scio. Desunt enim, ut hoc praemittam, ex inscriptionibus interpunctione utentibus hae duodeviginti: Argivus titulus 44a; Laconicus 64; Eleus 122; Styrenses 372 (, 56. 113. 348); Cei 396. 397; Theraeus 471; Cretenses 478. 479; Acrensis 511; reliqui: 552. 562. 563. 567. 578. 586 sunt incertorum locorum. Contra IIGA. habent duos novissime repertos: X, 2. 7 et septem Atticas: XXXI, 2. 3. 14. 16. 18. 21. 23, qui in IGA non inveniuntur.

In IIGA igitur interpunctione utuntur:

ex 19 titulis Theraeis unus: I, 10.

ex 4 Creticis unus: II, 4.

ex 3 Euboicis praeter Chalc. unus: IV, 2b.

ex 18 Chalcidicis unus: V, 11.

ex 68 Boeotiis duo: VI, 50, 53.

3 tituli Locronum Ozol. omnes: IX, 1. 2. 3.

ex 9 Thessalicis duo: X, 2. 7.

ex 32 Laconicis unus vel duo: XI, 5. 30 (?).

ex 2 Hermioneis alter: XIII, 2.

ex 19 Eleis quattuor: XIV, 2. 3. 6. 16.

ex 11 Achaicis unus: XV, 10.

ex 2 Aeolicis alter: XVI, 2.

ex 37 Ionicis octo: XVII, 8. 9. 10. 11. 14 d. 32. 36. 37.

ex 16 Argivis quinque: XXIV, 6. 8. 10. 11. 12.

ex 21 Corinthiis duo: XXV, 12. 20.

Mycenaeus: XXVIII.

ex 8 Aegineticis duo: XXX, 3. 6.

ex 24 Atticis novem: XXXI, 2. 3. 12. 14. 16. 18. 21. 23. 24.

Accedit alter e 2 titulis incertae originis.

In summa ex 298 titulis huius libri interpungunt 48, i. e. fere sexta pars.

Omnino vacant interpunctione tituli Melii (III et XVIII), Locrorum Opuntiorum (VII), Phocei (VIII), Arcadici (XII), Parii (XIX), Siphnius (XX), Thasii (XXI), Naxii (XXII), Cei (XXIII, sed cf. IGA. 396. 397), Sicyonii (XXVI), Phliasii (XXVII) Megarici (XXIX).

Imprimis, ut videmus, Aegaei maris insulae tenuem interpunctionis usum exhibent: Thera, Euboea, Melus, Parus, Siphnus, Thasus et si Asiae Ionicae titulos singulos inspexerimus, Samum quoque, Amorgum, Miletum huc pertinere videbimus. Quare in universum sane licet dicere, illorum locorum lapicidas aut non recepisse, aut iam non frequenter usurpare interpunctionem. Horum igitur locorum si nova reperta inscriptio constanter interpungit, non vetamur eam antiquissimam putare: sed aetati hoc modo definitae ne nimis magnam fidem habeamus neve ex ea alia colligamus semper erit cavendum. Nam negari non potest, in quibusdam saltem ex illis quas dixi regionibus fortasse casu factum esse, ut adhuc rarum interpunctionis usum exhibeant. Valde probabile videtur Ionicos, qui cum aliis rebus tum scripturae perfectione antecesserunt ceteras gentes, interpunctionem

quoque primos abiecisse. Sed certum aetatis definiendae
vel originis statuendae indicium ex interpunctionis usu
vix unquam adipisci licebit. Ergo totius huius enume-
rationis fructus haud ita magnus est, nisi id operare
pretium esse censeamus, didicisse non posse quidquam
certi statui ex sola interpunctione. Unum concedendum
est, constantem interpunctionis usum esse indicium alicuius antiquitatis, sed eiusmodi antiquitatis titulum,
quamquam quarti saeculi esse veri simile non est, et
quinto et sexto saeculo tribuere licet, et meo iudicio ne
superiori quidem saeculo ascribere vetamur.

Adhuc Atticas inscriptiones vix attigi, et iure
quidem, cum constans interpungendi usus in titulo At-
tico, quantum scio, nullo occurrat, excepto Sigeensi titulo,
quem supra tractavi. Fere idem igitur atque de Ionicis
titulis de Atticis dici potest, sed Atticae inscriptiones
tamen aliquam interpunctionem, quamvis tenuem atque
inconstantem, diu retinuerunt. In CIA. I fere quinta
pars omnium interpungit, in CIA. II, 1 vicesima quinta
pars, at in CIA. II, 2 fere quarta pars! Numeros illos
meros si compararemus, facile possemus in eum errorem
induci ut magis magisque crescere interpunctionis fre-
quentiam arbitraremur annis labentibus. Quare rursus
admonendum est, Atticarum inscriptionum saeculo quinto
recentiorum interpunctionem, quamquam non nunquam
voces distinguat, in universum adhiberi ad numeralia
sigla et ad compendia verborum indicanda. In vetustio-
ribus inscriptionibus eadem inconstantia atque licentia
occurrit, quae in ceteris inscriptionibus Graecis. Cuius
inconstantiae unum imprimis manifestum exemplum af-
fere mihi liceat, priusquam huius alterius capitis finem
faciam.

Inscriptiones CIA. I, 117—175 continent traditiones
rerum sacrarum Minervae Poliadis in Pronao, Hecatom-
pedo, Parthenone asservatarum. Quae documenta quam-

vis sint mutilata, tamen habemus ex nonnullis annis omnium trium aut certe duorum locorum catalogos, quos
initio anni insequentis a quaestorum superioris anni
scriba compositos esse constat; omnium trium locorum
catalogi igitur, ut consentaneum est, eiusdem scribae
nomen in praescriptis exhibent.

Anno Ol. 87, 1 quaestorum scriba fuit Ἀπολλόδωρος
Κριτίου Ἀφιδναῖος, cuius nomen, licet plus minusve de-
curtatum, in Pronai traditionibus CIA. 119 v. 2 et 120
v. 4, in Hecatompedi traditione CIA. 142 b v. 2, in
Parthenonis traditionibus CIA. 162 v. 3 et 163 v. 25
scriptum legitur. Hic igitur scriba quaestorum iussu
anni Ol. 87, 1 triplicem catalogum composuit et lapidibus incidendum curavit. Quorum trium catalogorum
fragmenta exstant CIA. 119. 143. 162. Quae interpunctionis usu ita inter se differunt, ut 119 et 162 interpunctione vacent, 143 certe ter ternis utatur punctis
(v. 10 et 12) ad numeralia signa appositis. Consequens
ergo est, quoniam unum scribam vel unum lapicidam
eodem tempore eadem in re partim interpunctionem po-
suisse partim omisisse credibile non est, ut pluribus
inter se diversis lapicidis diversorum locorum traditiones
incidendas locatas esse vel locari solitas esse censeamus;
nam illud exemplum non singulare est, immo eadem
ratio occurrit in traditionibus anni Ol. 89, 3 ubi Hecatompedi traditio (CIA. 153) interpunctione vacat, Parthenonis (CIA. 170) constanter utitur, et anni Ol. 90, 1
ubi Hecatompedi et Parthenonis titulus uterque quidem
interpunctionem adhibet, sed ita, ut ille binis, hic ternis
punctis utatur. Pronai utriusque anni titulus servatus
non est. Quadratarius igitur scribae interpunctionis
nullam habebat rationem, sed suae quisque consuetudini
atque usui obsequens distinctionis signa aut addebat aut
omittebat. Manifesto apparet, quam non legi ulli interpunctionis usus subiectus fuerit. Ceterum quod unius

templi, unius quaestorum collegii documenta, ab uno
scriba composita, compluribus lapicidis insculpenda lo-
cabantur, si mirum videatur, hoc aliquo modo comparari
licet cum triplici illo ordine in trium cubicolorum tabu-
lis conficiendis adhibito, quem ordinem Kirchhoffius accurate demonstravit atque enarravit CIA. p. 64.

Haec fere de interpunctionis usu dicenda esse mihi
videbantur.

Caput III.

De historia interpunctionis.

Quoniam qualis et quantus fuerit apud Graecos
ipsos interpunctionis usus satis me exposuisse spero,
hoc ultimo capite in historiam illius interpunctionis inquirere conabor: et duo quidem imprimis statuenda
erunt: quae origo Graecae interpunctionis fuerit, et quantum ipsa Graecorum interpunctio valuerit ad aliarum
gentium interpungendi usum.

Si de origine Graecae interpunctionis quaeritur, omnino duo fieri potuisse quivis concedet: aut ipsi
Graeci eam invenerunt aut ab aliis traditam acceperunt.
Quod prius posui verum aut veri simile esse mihi quidem non videtur. Nam eos, qui invenerint interpunctionem scilicet ad scripturae perspicuitatem sublevandam,
ipsos tanta inconstantia eam adhibuisse credibile nullo
modo est. Si nullo loco, nulla aetate plene atque constanter interpunxisse eos videmus, ad quem tandem finem
quaeso tale aliquid ipsos invenisse censeamus? Iam
quonam modo Graeci soliti sint eis quas ipsi excogita-
verunt rebus uti age videamus. Constat Graecos Phoenicum alphabeto nonnullas litteras addidisse, quasdam
Phoenicias litteras nova vi atque significatione instru-

xisse, scripturam primo Phoenicum more sinistrorsum duxisse, mox βουστροφηδόν, postremo dextrorsum scripsisse, litterarum denique formam venustiorem atque elegantiorem fecisse: in his igitur et aliis rebus ubi nam est aliqua eiusmodi inconstantia, quae comparari possit cum ea, quam ubique in interpunctione adhibenda conspicimus? Immo in illis rebus, quamquam per gradus quasi procedere atque progredi non desierunt, tanta constantia Graeci usi sunt, ut ex illarum statu certissima aetatis et originis indicia parari possint. Ergo Graecos ipsos interpunctionem invenisse veri simile mihi non videtur. Consequens est, ut aliunde eam acceperint. Unde acceperint, coniectura sola fortasse assequi possemus, etsi certis argumentis careremus. Nam facile conicere licet eos, qui litteris uti Graecos docuerint, interpunctionis. quoque usum eis tradidisse. Qam coniecturam veram esse Phoeniciae et Graecae interpunctionis similitudine comprobatur.

De Phoenicia igitur interpunctione nonnulla verba facienda sunt. Egit de ea Gesenius (Scripturae linguae Phoen. monum. Lips. 1837. p. 54/55), sed quae tum recte dicta esse videbantur, non iam recta sunt, postquam cum alii tituli Phoenicii antiquiores tum vero Mesae, Moabitici regis, monumentum triumphale inventum est, quod Phoeniciae sive Moabiticae scripturae noni sacculi specimen exhibet. Titulum triginta quattuor versus licet mutilatos continentem edidit et res ad ephigraphicam spectantes illustravit Clermont-Ganneau (Revue archéol. 1870. t. XXI. p. 183 tab. VIII), cuius de tituli interpunctione verba integra affero (1. l. p. 204): „Un fait extrêmement intéressant qui nous est révélé par cette inscription, c'est que la division des mots et la séparation des phrases par des signes de ponctuation était pratiquée dès la plus haute antiquité ... jamais ... on n'avait rencontré un système aussi absolu et aussi précis. Tous les mots, sans exception (!), sont séparés par des points, et le texte lui-même est coupé en veritables versets par des barres perpendiculaires" etc. Quae quamquam in universum recte dicta esse nullo negotio perspicitur, tamen illam rem ea qua par est cura ac diligeutia me ob linguae Phoeniciae imperitiam examinare non posse valde doleo. Id vero ego quoque cognoscere mihi visus sum, de interpunctionis illius summa constantia („sans exception") quae ille vir doctus professus est, non premenda neque ad verbum accipienda esse: nam collata tituli partis alicuius transscriptione et versione quadam inveni saepius plura vocabula interpunctionis signo non separari, neque solum eius modi vocabula, quae in Semiticis linguis artius coalescere solent. Apud alios doctos viros de hoc titulo disserentibus nihil inveni de interpunctione eius, nisi quod Schlottmannus („Die Siegessäule Mesa's. Halle 1870" p. 50) in universum dicit: „Palaeographisch wichtig ist in einer so alten Inschrift die sich dort findende Sonderung der Worte durch Punkte und der Sätze durch senkrechte Striche." Sed utut haec res se habet, satis magnam esse illius tituli interpunctionis constantiam concedere licet... Habemus igitur in hoc vetustissimo lapide duplicem interpungendi rationem, alteram, qua voces punctis alteram qua sententiae („les versets") hastis directis distinctae sunt. Quae duplex ratio in Graeca inscriptione adhuc non inventa est neque unquam invenietur, ut conicere licet: tamen continuo conspicitur mira quaedam illius interpunctionis et rationis et signorum cum Graeca interpunctione similitudo, nam utrumque signorum genus, et hastas et puncta in Graecis titulis invenimus. Quae similitudo nisi ex aliqua utriusque interpunctionis cognatione explicari non potest. Et memores, alphabetum Graecum a Phoenicibus originem ducere, non iam dubitabimus

colligere Graecos interpunctionem quoque et una
quidem cum alphabeto a Phoenicibus accepisse.
Sane potest contra hanc sententiam dici, veri simile non
esse iam tum cum litteras acciperent interpunctionem
eos adoptavisse, quia opus fuerit aliqua scribendi exercitatione priusquam singulas orationis voces discernere
et in scriptura interpunctione distingere didicerint: pro-
babilius esse primo interpunctione prorsus eos caruisse,
postea nescio quo tempore eam in usum recepisse: id
quod fortasse comprobetur eo, quod vetustissimi quique
tituli non distinguant. Haec minus recte dicta essent.
Sane concedo aliqua exercitatione atque usu eos indigere,
qui singulas voces in scribendo discernere student, sed
tantam exercitationem antecessisse nullo modo vetamur
arbitrari, cum ipsius alphabeti traditionem non brevi
tempore factam esse, immo per longum temporis spatium
durasse consentaneum sit. Licet etiam nobis conicere,
aliquot saecula eam viguisse, quae tempora tamen multo
priora sunt ea aetate, qua vetustissimi nostri tituli scripti
sunt. Horum titulorum aetate, cum tam multa et tanta
mutavissent Graeci in scriptura, ita ut ipsorum ingenio
atque indoli prorsus adaptata atque accommodata esset,
ea aetate cum sine dubio Phoeniciae originis suam scripturam esse vix sentirent, ea aetate a Phoenicibus de
integro aliquid mutuum sumpsisse censeamus? et ad eum
finem sumpsisse ut maxima inconstantia usurparent?
Immo ita fere illa res explicari posse mihi videtur:
Graeci interpunctionem, qua Phoenices constanter utentes
videbant, quasi inscientes vel inviti una cum litterarum
formis receperunt, mox pro re inutili atque supervacanea
et luxuriae causa apposita habere coeperunt, sive ob
legendi peritiam atque usum tale legendi subsidium non
desiderabant, id quod de antiquissimis illis temporibus
dici vix potest, sive interpunctionis propriam vim atque
utilitatem non satis intellegebant. Quod non admodum

mirum videbitur, si meminerimus eosdem Graecos, qui
in artibus, litteris, aliis rebus praeter ceteros floruerint,
in rebus ad vitae commoditatem inventis, in rebus „tech-
nicis", si ita dicere mihi licet, saepe aliis inferiores fuisse
et ad ea quae aliunde acceperunt tradita fere nihil addidisse, quia in universum singulare eorum ingenium ita
ferret, ut in omnibus rebus non tam id quod utile et
commodum quam quod pulchrum esset atque venustum
quaererent atque curarent. Eodem igitur modo interpunctionem rem levidensem et non necessariam esse rati
magis magisque neglexerunt et abiecerunt. Sed cur
eam, ubi supervacaneam esse eam sentire coeperunt, non
statim omnino abiecerunt? Hoc fieri non potuit, nam,
ut dicunt, „natura non fit per saltus" et Graeci imprimis quanta cum pietate ea quae nulla alia re nisi traditione atque antiquitate sancita essent, etiamsi non modo
non usui, sed impedimento essent, ea retinuerint quis est
quin ex Graecae artis historia satis didicerit?

Hac fere ratione mira illa in interpunctionis usu
inconstantia probabiliter explicari mihi videtur.

Quoniam de Phoenicum et Graecorum interpunctionis similitudine locutus sum, de discrepantia quoque
dicere par est. Antequam hoc faciam, admonendum
videtur, nos unum illum Mesae lapidem habere, ex quo
antiqua Phoenicum scriptura et interpunctio cognosci
possit, et eum ipsum aetatis multo inferioris esse ea,
qua cum alphabeto interpunctionem a Phoenicibus Graecos accepisse inter viros doctos convenit. Mesae igitur lapis sententiarum distinctionem habet, qualem a
Graecorum more prorsus alienam esse supra exposui.
Sed ex eis quae paullo ante disserui duplicem illam interpungendi rationem apud Graecos non occurrere mirum
iam non est. Signum quidem illius sententiarum distinctionis apud Phoenices usitatae, si quidem licet ex
unius Mesae lapidis usu aliquid colligere de universo

Phoenicum usu interpunctionis, ab his receperunt quaedam Graeciae regionés, imprimis Creta insula. At punctum simplex non invenitur apud Graecos! Quam signorum discrepantiam cum primo censuerim maximi esse
momenti, nunc aliter sentio, quia idem redit in Italicis
inscriptionibus. Semper attendendum est, neque ad
Phoeniciam neque ad Graecam interpunctionem antiquissimam prorsus cognoscendam materiae copiam adhuc sufficere. Quare satis habeo quae fieri potuerint exponere. Aut simplex punctum solum a Phoenicibus acceperunt Graeci et pro illo nescio quibus rationibus ducti duplex vel triplex punctum adhibere maluerunt;
aut Phoenices et uno et duobus et tribus punctis distin-
guebant, quas tres signorum formas aeque Graeci adop-
taverunt, et mero casu factum est, ut simplex punctum
in titulis proprie Graecis adhuc exaratum non videamus.
Utrum veri similius sit, vix audeo diiudicare, tamen non
omittam admonere in Phoeniciis inscriptionibus serioris
aetatis, quamvis simplex punctum frequentissimum sit,
tamen bina saltem puncta nonnunquam legi (cf. Corp.
inscr. Semit. t. XI, nr. 6. 14. 15. 23). Hancne interpunctionem Phoenicium lapicidam a Graeco mutuam
sumpsisse censeamus?

Si alphabeti Graeci historia duce Phoenices interpunctionis Graecae auctores fuisse coniecimus eamque
coniecturam veram esse ex interpunctionum similitudine
probavimus, consentaneum erit nos eadem via id quae-
rere aliaene gentes a Graecis traditam interpunctionem
acceperint. Cum igitur Italicorum titulorum littera-
turam a Graeca derivatam esse constet, idemne de eorum
interpunctione dici possit iam videamus. De Italicarum
inscriptionum interpunctione egit Fabretti (Corp. inscr.
Ital. suppl. § 147 sqq. = p. 221 sqq.), ita tamen ut eius
ordinem hic sequi ex re non sit. Plurimi sunt tituli
Italici in adhibendo simplici puncto, quod signum ubi

que occurrit. Sed bina quoque puncta non ita raro
exarata sunt: in titulis Italiae Superioris, Etruriae, Um-
briae, Volscorum Marsorumque finium, Campaniae, Samnii, et terna: in titulis Italiae Superioris, Etruriae,
Picenorum, Volscorum, Campaniae, Samnii. Latinos
quidem nisi per singula puncta non interpungere notis-
simum est; quamquam eorum inscriptiones adhuc ex-
stantes non satis magnae antiquitatis sunt.

Usus Italicae interpunctionis plane idem est atque
in Graecis antiquissimis titulis, nisi quod in universum
multo maiore constantia utitur, ubicunque omnino interpunctio adhibetur; nam inveniuntur quoque tituli qui
prorsus ea careant. Quonam modo frequentem illum
simplicis puncti usum explicemus? Quod signum in
Graecis titulis vix exstare, in Phoeniciis vulgare esse
si meminerimus, nonne luce clarius erit a Phoenicibus
recta via accepisse Italicos interpunctionem? Quod quo-
minus verum esse arbitremur duabus rebus impedimur:
primum enim constat alphabetum Italicis traditum esse
a Graecis; an quisquam putat ab alteris litterarum formas, interpunctionem ab alteris eos accepisse? Tum
vero eiusmodi commercium inter Phoenices et Italicos
ante Graecorum adventum fuisse nulla sunt vestigia
quibus demonstretur (cf. Mommsen, Hist. Rom. I⁷ p. 127).
Ergo cogimur ex duobus alterum eligere, aut Italicos a
Graecis simplex quoque punctum accepisse, aut ipsos
illud signum excogitasse. Hoc cur fecerint caussa intellegi nullo modo potest; illud eam difficultatem habet,
quod Graeci tituli abhorrent a simplici puncto. Sed non
novimus satis accurate Graecorum aut certe Chalciden-
sium antiquissimam interpunctionis formam. Memores
velim simus ex Chalcidicis titulis unum interpunctione
aliqua uti et illum unum ex duobus verbis constare
(IGA. 530).

Diiudicare igitur illam quaestionem materia non

sufficiente vetamur. Nam ex tribus vel duobus illis titulis, qui per simplex punctum distinguunt (IGA. 509. 544. 546), colligi quicquam vix potest, cum ego quoque concedam fieri potuisse, ut hi Italicam interpunctionem imitarentur, licet ab ipsorum sua alienam. Vel una inscriptio Graeca in ipsa Graecia reperta indidemque oriunda illam rem adhuc dubitationis tenebris obscuratam clara luce illuminare poterit, si quidem aliqua constantia simplici puncto usa Graecis illam interpunctionem non ignoratam esse docuerit.

Quoniam ad calcem tota haec disputatiuncula decucurrit, ea quae singula singulis locis aut certis argumentis probasse ac demonstrasse aut plus minusve probabiliter coniecisse mihi videor, hoc loco breviter comprehendere liceat.

Distinctionem verborum Phoenices invenerunt et constanter praeter sententiarum distinctionem adhibuerunt. Illam Graeci una cum litterarum usu traditam a Phoenicibus acceperunt, hanc non item. Fiebat illa interpunctio apud Phoenices per simplex punctum, fortasse etiam per duplex et triplex punctum. Conicere licet, Graecos omnes illas tres formas recepisse: Chalcidenses saltem simplex quoque punctum usurpavisse tantum probari non potest. Antiquissimis illis temporibus, quibus Graeci interpunctionem Italicis nationibus per commercium tradere coeperunt, ex harum nationum constantiore usu Graecorum quoque usum constantiorem fuisse colligere licet. Postea sive interpunctionis utilitatem non recte aestimabant, sive tali legendi subsidio non admodum indigebant, ita ut eam quasi onus molestum ab aliis sibi impositum et rem supervacaneam esse sentirent, magis magisque neglexerunt, sero autem prorsus abiecerunt et diversis quidem locis ac diverso tempore, ut videtur, ita ut Ionici tituli primi interpunctione careant. Sed tanta in singulis titulis inconstantia est interpunctionis, ut ex ea aetatis vel originis certiora indicia effici vix possint.

Quae interpunctionis forma a Phoenicibus ad sententias distinguendas adhibita est, hasta directa, ea apud quosdam Graecos recepta est in usum, sed eadem vi atque significatione qua apud ceteros puncta, h. e. ad voces separandas usurpata est.

VITA.

Natus sum Rudolfus Kaiser Posnaniensis Rawicii die XVII. m. Julii a. 1862 patre Ewaldo superintendente, matre Mathilda e gente Geist, adhuc viventibus. Fidei addictus sum evangelicae. Primis litterarum elementis imbutus vere a. 1871 in gymnasium reale, quod vocant, oppidi patrii receptus sum. Vere a. 1880 ut humaniorum studiorum facultatem mihi pararem gymnasium Krotoschiniense adii. Maturitatis testimonium adeptus vere a. 1882 Berolinum me contuli, ubi per octies sex menses studiis philologicis operam navavi. Docuerunt me viri doctissimi: Curtius, Diels, Dilthey, H. Droysen, Feller, Hirschfeld, Hübner, Kiepert, A. Kirchhoff, Paulsen, Robert, Roediger, Scherer, Schmidt, Spitta, Tobler, de Treitschke, Vahlen, Wattenbach, Zeller. Ad exercitationes suas me admiserunt: H. Droysen, Feller, Hirschfeld, Hübner, Kirchhoff, Paulsen, Robert, Roediger, Scherer, Vahlen. Quibus viris cum omnibus iustas ac debitas ago gratias, tum imprimis ei, qui benigne opusculum meum suo consilio adiuvit et non indignum esse censuit, quod animi mei in eum gratissimi esset documentum.

Sententiae controversae.

1.

E librorum scriptura interpunctio apud Graecos sine dubio multo prioribus temporibus prorsus disparuit, quam ex inscriptionibus.

II.

Apud Terentium in iis versibus, qui secundum traditam lectionem in particulas sive praepositiones exeunt, non est quod offendamus.

III.

In Terenti Andriae v. 11 sine dubio corrupto Bentlei coniectura omnium adhuc maxime probabilis esse mihi videtur.

IV.

In Terenti Adelphorum v. 4 et Heautontimorumeni v. 848 a codice Bembino traditis metrum corruptum non est.

V.

Bentleium plus errando quam emendando profuisse Terentio censeo.

VI.

In Suetoni vita Terenti (p. 5 v. 7 ed. Fleckeis.) cum libris manu scriptis legendum est:

„nondum quintum atque vicesimum egressum“ e. q. s.

CPSIA information can be obtained
at www.ICGtesting.com
Printed in the USA
BVHW091122271118
534110BV00023B/1101/P

9 780428 066468